Wunder der Welt

Text: Cathy Jones
Pädagogische Beratung: Christopher Collier und Alan Howe,
Bath Spa University, Großbritannien

Realisation der deutschen Ausgabe: trans texas publishing, Köln
Übersetzung, Redaktion und Satz: Gundula Müller-Wallraf, München

ISBN: 978-1-4075-9192-6
Printed in China

Wunder der Welt

Bath · New York · Singapore · Hong Kong · Cologne · Delhi · Melbourne

Liebe Eltern,

dieses Buch ist Teil einer Reihe von Sachbüchern für Kinder im Leselernalter. Alle Bücher dieser Reihe wurden unter Mitwirkung pädagogischer Fachberater erstellt.

Am Ende des Buchs gibt es ein kleines Quiz. Es soll Ihrem Kind helfen, sich die Informationen und die Bedeutung bestimmter Begriffe noch besser zu merken. Ein Wörterverzeichnis hinten im Buch erklärt wichtige Begriffe, ein alphabetisches Register verweist auf Begriffe im Text.

Inhalt

Der Grand Canyon

Der Grand Canyon ist der größte **Cañon** der Erde. Er liegt im Staat Arizona im Süden der USA. Auf dem Grund des Grand Canyon fließt der Colorado.

Vereinigte Staaten von Amerika

Grand
• Canyon

Arizona

Pazifik

Der Grand Canyon ist 1600 Meter tief, 446 Kilometer lang und bis zu 30 Kilometer breit.

Der Colorado hat sich sein Bett über eine sehr lange Zeit hinweg durch viele Gesteinsschichten gegraben. Die ältesten Steine ganz unten sind fast zwei Milliarden Jahre alt.

Durch den gläsernen Boden der Aussichtsplattform „Skywalk" kann man tief in den Cañon hineinsehen. Sie hängt 1220 Meter hoch über dem Fluss.

Weißt Du was?

Im Grand Canyon kann es furchtbar heiß, aber auch bitterkalt werden — von 40°C im Sommer bis -18°C im Winter.

Nach starken Regenfällen und wenn im Frühjahr der Schnee schmilzt, stürzen Wasserfälle vom Rand der Schlucht in den Colorado hinunter.

Die Niagarafälle

Die Niagarafälle liegen an der Grenze zwischen den USA und Kanada. An drei Inseln teilt sich der Niagara in drei Wasserfälle: die Horseshoe Falls, die American Falls und die Bridal Veil Falls.

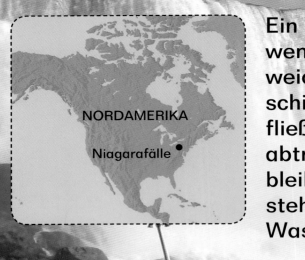

NORDAMERIKA

Niagarafälle

Ein Wasserfall entsteht, wenn ein Fluss die weicheren Gesteins-schichten, über die er fließt, mit der Zeit abträgt. Die härteren bleiben als Stufe stehen, über die das Wasser hinabstürzt.

1901 überlebte die 63-jährige Lehrerin Annie Edson Taylor als erster Mensch in einem Holzfass die „Fahrt" die Niagarafälle hinunter.

Nachts wird ein Teil des Niagara durch Rohre geleitet, um Strom zu erzeugen.

Über 3000 Kubikmeter Wasser donnern jede Sekunde über die Wasserfälle nach unten. Das ist etwa so viel wie ein großes Schwimmbecken voll.

Die Sahara

Die Sahara ist die größte Sand**wüste** der Erde. Sie bedeckt den größten Teil Nordafrikas. Die Sahara gehört zu den heißesten und trockensten Orten der Welt. Hier können nur ganz wenige Tiere und Pflanzen überleben.

Kamele sind Wüstentiere. In ihren Höckern speichern sie Fett. Von diesem Vorrat ernähren sie sich, wenn Wasser und Nahrung einmal knapp sind.

Weißt Du was?

In der Sahara lebt auch einer der giftigsten Skorpione der Welt: Der Sahara-Skorpion hat einen giftigen Stachel am Schwanzende. Er versteckt sich unter Steinen vor der Sonne.

Eine Oase ist ein Wasserbecken in der Wüste. Das Wasser kommt von tief unter der Erde. Rund um Oasen gedeihen Tiere und Pflanzen.

Westsahara

Algerien Libyen Ägypten

Mauretanien Sahara

Mali Tschad

Niger Sudan

Äthiopien

AFRIKA

Das Great Barrier Reef

Das Great Barrier Reef, ein Korallen**riff** vor der Küste Australiens, ist das größte von Lebewesen geschaffene Ding der Welt. Es ist 2000 Kilometer lang und besteht aus Millionen von kleinen Tierchen, sogenannten Korallenpolypen.

Korallenpolypen sind winzige Wassertiere, die Kalk ausscheiden und so über Hunderte von Jahren Riffe wachsen lassen.

Indischer Ozean

Great Barrier Reef

AUSTRALIEN

Indischer Ozean

Korallenriffe sind der Lebensraum für Tausende von Tieren, von Clownfischen bis zu Wasserschildkröten.

Die Riesenmuschel heftet sich ans Riff und bleibt dann ein Leben lang an dieser Stelle. Sie wird über einen Meter breit.

Der Amazonas-Regenwald

Der Amazonas-Regenwald ist der größte **Regenwald** der Welt. Er ist so groß wie Australien. In einem Jahr können hier mehr als 460 Zentimeter Regen fallen.

Der Amazonas entspringt in den Anden in Peru und fließt dann durch ganz Brasilien bis zum Atlantik.

Atlantik

Amazonas

Amazonas-becken

SÜDAMERIKA

Pazifik

Mit seinem gepunkteten Fell ist der Jaguar im Schatten der Bäume sehr gut getarnt.

Manche Bäume im Amazonas-Regenwald sind fast 40 Meter hoch. Unter ihrem dichten Blätterdach leben viele bunte Aras, Tukane und Papageien.

Die Anakonda ist die schwerste Schlange der Welt. Sie lebt und jagt in den Bäumen des Regenwalds.

Die Pyramiden von Gizeh

Die drei großen **Pyramiden** von Gizeh sind über 4500 Jahre alt. Sie wurden für die **Pharaonen** Cheops, seinen Sohn Chephren und seinen Enkel Mykerinos erbaut. Die Pyramiden sind Grabmale, aber **Mumien** hat man darin nicht gefunden.

Die Cheops-Pyramide ist die größte der Pyramiden von Gizeh. Ihr Boden ist ein fast perfektes Quadrat.

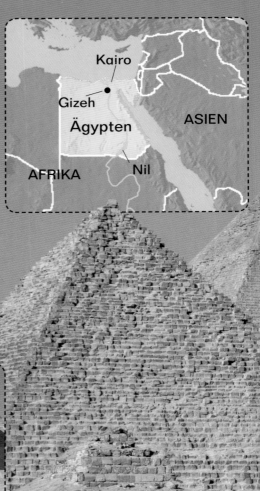

Der Eingang zur Chephren-Pyramide wird von einer Sphinx bewacht. Sie hat den Kopf des Königs und den Körper eines Löwen.

Grand Canyon   Erde   Skywalk   Wasserfälle   Oase

Wasserschildkröte   Kamel   Skorpion   Clownfisch

Great Barrier Reef   New York   Sahara   Niagarafälle

Amazonas-Regenwald   Anakonda   Tukan   Druiden

Jaguar   Stonehenge   Aras   Kolosseum   Pyramiden

Gladiator   Central Park   Chinesische Mauer   Papagei

Freiheitsstatue   Riesenmuschel   Wachturm   Sphinx

Für den Bau der Cheops-Pyramide wurden mehr als zwei Millionen große Steinblöcke benötigt.

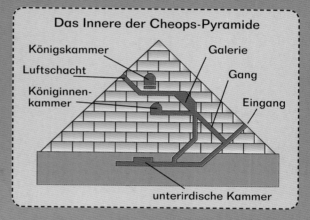

Das Innere der Cheops-Pyramide

Königskammer
Luftschacht
Königinnen-kammer
Galerie
Gang
Eingang
unterirdische Kammer

Stonehenge

Niemand weiß genau, zu welchem Zweck dieser riesige Steinkreis errichtet wurde. Vermutlich wurde er vor etwa 4500 Jahren am Ende der Steinzeit erbaut. Vielleicht war er ein Tempel, in dem keltische Druiden die Natur anbeteten.

Mächtige Steinsäulen sind durch Decksteine miteinander verbunden. Sie stehen in zwei Kreisen auf einer runden Erhebung, die von einem Graben umgeben ist.

Deckstein

Sarsen-steine

Bis heute versammeln sich zur Sonnenwende moderne Druiden in Stonehenge, um den Sonnenaufgang zu beobachten.

Weißt Du was?

Manche **Archäologen** glauben, dass in Stonehenge die Bahnen von Sonne und Mond gemessen wurden.

Atlantik

Groß-
britannien

• Stonehenge

Die Chinesische Mauer

Die Chinesische Mauer ist das längste Bauwerk der Welt. Sie schlängelt sich über 6000 Kilometer weit durch Gebirge, Wüsten und **Sümpfe**.

Vor mehr als 2000 Jahren ließ der chinesische Kaiser Qin Shihuang die Mauer bauen, um sein Land gegen Eindringlinge aus dem Norden zu schützen.

Große Mauer

China

Pazifik

Indischer Ozean

Die Mauer war so breit, dass zehn Soldaten nebeneinanderher- marschieren konnten.

Überall in der Mauer gibt es Wachtürme. Die Wachen gaben Nachrichten durch Rauchzeichen von einem Turm zum nächsten weiter.

Als die Chinesen vor 350 Jahren das Gebiet nördlich der Mauer eroberten, wurde das riesige Bauwerk nicht mehr gebraucht. Es begann zu zerfallen. Heute wird es für Besucher aus der ganzen Welt erhalten.

Weißt Du was?

Der chinesische Name der Mauer Wanli Chang Cheng bedeutet „10000 Li lange Mauer" (10000 Li sind etwa 6000 Kilometer).

Das Kolosseum

Dieses offene Amphitheater in Rom wurde von den alten Römern erbaut. Hier versammelte sich das Volk, um Wettkämpfe, nachgestellte Seeschlachten und Gladiatorenkämpfe zu sehen.

Im Inneren des runden Gebäudes sind die Sitzreihen wie eine Treppe angeordnet. So konnten bis zu 50 000 Zuschauer gut sehen, was in der Arena so passierte.

EUROPA

Italien

Rom

Mittelmeer

Tiere und Kämpfer warteten in Räumen unter der Arena auf ihren Auftritt.

Die meisten **Gladiatoren** waren Sklaven oder Verbrecher. Sie wurden extra dafür ausgebildet, bis zum Tod gegen andere Gladiatoren oder wilde Tiere zu kämpfen.

Weißt Du was?

Als der Kaiser Trajan 107 eine Schlacht gewann, ließ er zur Feier 11 000 Tiere und 10 000 Gladiatoren 123 Tage lang in der Arena kämpfen.

New York

New York ist weltberühmt für seine einzigartigen Wolkenkratzer wie das Empire State Building oder das schicke silberne Chrysler Building.

New York steht zum größten Teil auf drei Inseln: Manhattan, Staten Island und Long Island. Ein Teil der Stadt liegt aber auch auf dem Festland.

Auf dem Bild unten kannst Du einige der berühmten Wolkenkratzer von Manhattan sehen.

New York (Bundesstaat)

New York

Vereinigte Staaten von Amerika

Atlantik

Pazifik

Die Freiheitsstatue war ein Geschenk von Frankreich zum 100. Jubiläum der amerikanischen Unabhängigkeit 1886.

Im Central Park gibt es einen See, eine Schlittschuhbahn und sogar einen Zoo.

Der Times Square ist bekannt für seine Leuchtreklamen, Kinos und Theater.

Quiz

Kannst Du dieses Quiz lösen?
Die Antworten auf alle Quizfragen findest
Du in diesem Buch!

Wie viele Soldaten konnten auf der Chinesischen Mauer nebeneinandermarschieren?

(a) drei
(b) fünf
(c) zehn

Welchen Spitznamen hat New York?

(a) Big Apple (großer Apfel)
(b) Big Orange (große Orange)
(c) Big Peach (großer Pfirsich)

Wo entspringt der Amazonas?

(a) im Atlasgebirge
(b) in den Anden
(c) in den Alpen

Wer bewacht die Chephren-Pyramide?

(a) eine Meerjungfrau
(b) ein Centaur
(c) eine Sphinx

Wo liegt die Sahara?

(a) in Afrika
(b) in Australien
(c) in Südamerika

Welcher Kaiser gewann 107 eine Schlacht?

(a) Julius Cäsar
(b) Trajan
(c) Hadrian

Worterklärungen

Amphitheater Ein rundes Theater mit abgestuften Sitzreihen für die Zuschauer, rund um eine Arena mit Sandboden.

Archäologe Ein Wissenschaftler, der Überreste aus alten Zeiten untersucht, um etwas über die Vergangenheit zu erfahren.

Cañon Ein enges, steilwandiges Tal, auf dessen Grund meistens ein Fluss fließt.

Gladiator Ein Kämpfer im alten Rom, der dazu ausgebildet wurde, gegen andere Gladiatoren oder wilde Tiere bis zum Tod zu kämpfen.

Mumie Eine Leiche, die durch Einbalsamieren und Einwickeln in Tücher konserviert wurde.

Pharao Ein König, manchmal
aber auch eine Königin im
alten Ägypten.

Pyramide Ein altes Grabmal mit einer
quadratischen Grundfläche
und vier dreieckigen Seiten,
die oben in einem Punkt
zusammentreffen.

Regenwald Ein Waldgebiet, in dem es
sehr viel regnet und
meistens sehr warm ist.

Riff Ein Gebilde aus Korallen,
Gestein und Sand im Meer.

Sarsenstein Ein großer Sandsteinblock.

Sumpf Ein Gebiet, in dem der
Boden besonders nass ist.

Wüste Ein sehr trockener, heißer
Ort, an dem nur wenige
Tiere und Pflanzen
überleben können.

Register

Bildnachweis

o = oben, m = Mitte, u = unten, r = rechts, l = links

Umschlag vorn: Getty Images/Robert Francis
Umschlag hinten: l Getty Images, r Getty Images

Corbis
1, 2, 3, 5o, 5ul, 5ur, 6–7, 6u, 7or, 7ol, 7u, 10–11, 11r, 12u, 14,
15o, 15u, 18–19, 18l, 18r, 19o, 20–21, 20, 21o, 21m, 22–23,
23m, 24–25, 25ol, 25ul, 25ur

Getty Images
4, 14–15, 16–17, 16, 21u, 23u, 25or

istockphoto
8–9, 9o, 9u

Digital Vision
12–13

NASA
13o